GUIA DA BOA SAÚDE

VIVA BEM
Sem Glúten

Jeanne Margareth

Índice

Editorial

A mudança nos hábitos alimentares se inicia de espontânea vontade e isso pode ocorrer em qualquer momento da vida. Basta um olhar mais atento para descobrir qualquer processo alérgico ou intolerância de seu organismo a determinados alimentos e redobrar os cuidados. Reconhecendo ser portador da doença celíaca, o seu **Guia da Boa Saúde – Viva Bem Sem Glúten** vai lhe ajudar na investigação dessa doença, que traz muito desconforto, com informações e esclarecimentos.

Intolerância ao glúten ou 'doença celíaca' é um problema de saúde espalhado em todo o mundo, atingindo estimados 3% da população mundial, sem distinção de sexo, classe social ou idade.

Tratar essa doença é mais fácil e simples do que se imagina. Por isso, nosso propósito é auxiliar no reconhecimento de seus sintomas para minimizar os desconfortos e lhe possibilitar uma vida mais leve, saudável **e sem glúten**.

Boa leitura!

"Livre-se do trigo, livre-se dos quilos a mais e descubra seu caminho de volta para a saúde."

Jeanne Margareth
Editora responsável

Glúten

Vilão ou mocinho?

Glúten (do latim, significa "cola" ou "grude") é uma proteína vegetal, composta pela mistura de outras duas proteínas, chamadas glutenina e gliadina. É encontrada naturalmente na semente de muitos cereais, como trigo, cevada, aveia, triticale, malte e centeio, ou seja, em qualquer alimento produzido ou industrializado que na sua preparação tenha um desses componentes e em todos os alimentos derivados desses grãos, como é o caso da cerveja, farinha e uísque.

Onde o glúten se encontra nos grãos de cereais?

No endosperma (parte interna) do grão de amido. Aliás, sua maior incidência está presente no trigo, que é um dos cereais mais ricos em glúten e foi geneticamente modificado por razões de produção.

O que acontece quando o glúten é consumido em excesso?

Acontece um acúmulo no organismo que pode provocar a diminuição da produção de serotonina e isso pode levar o paciente à depressão. Sem falar na psoríase e na artrite psoriática, entre outros males. Importante lembrar que isso não ocorre apenas ***nos pacientes com intolerância ao glúten, mas também*** nos indivíduos que não possuem nenhum problema com hipersensibilidade à proteína.

Como o glúten atua no organismo?

Na verdade, trata-se de uma proteína de difícil digestão e por isso mesmo provoca outros problemas no organismo, como é o caso da intolerância ou doença celíaca.

Seria, então, o glúten o grande vilão?

Sim e não, pois o que ele causa pode ser originado de qualquer alimento ingerido em excesso. No entanto, com o glúten o agravante pode ser maior, porque se trata de um componente frequente na dieta, e das mais variadas formas, em pães, massas, bolos, biscoitos, sopas, molhos, sorvetes e até em medicamentos, provocando uma má digestão dos nutrientes, o que leva o indivíduo ao desenvolvimento de uma hipersensibilidade.

Como surge essa hipersensibilidade?

De várias formas, desde uma alteração de humor, inchaço abdominal, enxaqueca, artrite, renite, asma, dermatite, até ansiedade, diarreia, constipação, TPM etc.

E por que isso acontece?

Quando o organismo se depara com uma proteína do tipo do glúten, ou seja, de difícil digestão, ele trata de defender o corpo e para eliminá-la promove uma inflamação.

Claudia Raia

Adepta da dieta sem glúten, a atriz, que não tem intolerância à proteína, restringiu este item em sua alimentação para deixar o corpo mais leve durante a dança. Mas revela: "Não sou radical, se houver uma degustação de chef incrível ou restaurante, vou sem susto" contou em recente entrevista no programa Mais Você - Junho/2014.

Crédito (imagem): Divulgação Rede Globo/Zé Paulo Cardeal

Mas não existe nada de bom no glúten?

Claro que sim — o glúten possui diferentes e proveitosas finalidades na produção de alimentos. Por exemplo, no processo de fermentação do pão, é o glúten da farinha de trigo que "segura" os gases no interior da massa, tornando-a fofa, aumentando seu volume e não a deixando murchar após esfriar. E como a carne e alguns vegetais, o glúten pode ser considerado uma fonte de proteínas. Ao ser cozido, adquire uma consistência dura como a carne. Aliás, em alguns pratos o glúten é usado para dar exatamente mais consistência e sabor às receitas.

Então, ele não faz mal à saúde?

Não. A menos que você seja portador da doença celíaca, a ingestão de alimentos com glúten não traz qualquer problema à saúde, porque sua ingestão não produz nenhuma reação química que maltrate o intestino.

Grazi Massafera

Também adepta da boa alimentação, sem que isso revele intolerância à proteína, a apresentadora do programa da GNT Super Bonita tirou do cardápio a lactose e o glúten. "Fiz isso porque meu colesterol em um exame de sangue de rotina mostrou níveis altos, em 2013. Com isso, a decisão foi rápida e mudei meus hábitos alimentares." Hoje tudo voltou ao normal e ela se sente leve e bem-disposta.

Crédito (imagem): Divulgação Rede Globo/Raphael Dias

> "*Assim como a carne e alguns vegetais, o glúten pode ser considerado uma fonte de proteínas.*"

Qual é a quantidade de glúten que um celíaco tolera sem efeitos adversos?

A quantidade pode variar de um indivíduo para outro – alguns toleram 35 mg de glúten diário; outros, com apenas 10 mg já entram em crise. Porém, a maioria dos doentes celíacos ingere 50 mg de glúten, sendo esta a quantidade mínima "segura". Hoje em dia, com a oferta de produtos industrializados, é muito fácil consumir essa quantidade.

O que é chamado de "contaminação cruzada"?

É uma forma de contaminação por via indireta, seja por meio de uma faca, talher, tábua de frios, panela, maquinário ou pratos – muitas vezes, apenas por usar o item com um alimento que contém glúten a contaminação já acontece.

A restrição do glúten pode ser considerada um novo modismo entre as pessoas?

Até certo ponto sim, porque as atenções logo vão se voltar para outros enfoques em relação à saúde. A história tem provado que é assim mesmo, o que não justifica que as pessoas ignorem os problemas de saúde porque eventualmente eles podem ser rotulados como "modismos". Também não se deve, levianamente, consumir remédios ou adotar dietas sem prescrição médica motivado pelo modismo.

> *"Alguns celíacos entram em crise com a ingestão diária de apenas 10 mg de glúten."*

As Características da Doença Celíaca

Doença celíaca é uma doença permanente, causada pela ingestão da proteína glúten na alimentação; também é conhecida por enteropatia glúten-induzida, é de origem imunológica e genética. A doença se dá pela falta da enzima transglutaminase, que quebra a proteína (o glúten).

> *"Havendo intolerância ao glúten, qualquer quantidade da proteína é prejudicial; em casos extremos, basta cheirar a farinha de trigo e o paciente começa a passar mal."*

A doença ataca o intestino delgado, que é o responsável pela absorção de nutrientes no organismo. Traz como prejuízo o atrofiamento das vilosidades intestinais, assim, se a mucosa intestinal atrofiar, o glúten não consegue passar para o organismo, gerando inflamações e uma série de outros sintomas. Especialistas classificam os prejuízos da doença celíaca de três formas: ***clássica***, normalmente nos primeiros anos de vida; ***não clássica***, ou seja, em pessoas com mais idade, e ***assintomática***: quando o paciente tem a doença e não desenvolve nenhum sinal dela. São sintomas de intolerância ao glúten a diarreia crônica com cólicas, irritabilidade, anemia não explicada, perda de massa óssea, distensão abdominal, perda de sensibilidade ou formigamento dos pés e mãos, e perda de peso súbita em momentos de crise. Trata-se de doença grave que, se não houver acompanhamento adequado, como em tantas outras enfermidades, pode levar à morte. Importante destacar que qualquer pessoa pode ser celíaca, mas a doença "prefere" aqueles com histórico familiar da doença, portadores de diabetes tipo 1 ou outras doenças autoimunes, além de pessoas com síndrome de Down.

Crédito (imagem): Divulgação Rede Globo/Raphael Dias

Ísis Valverde

Celíaca, a atriz Ísis Valverde abriu mão do cachê de representante da causa Reconhecer, lançada pela FENACELBRA (Federação Nacional das Associações de Celíacos do Brasil) desde maio/2013 até maio/2014. Com a descoberta, aos 19 anos, após idas e vindas ao hospital pelos desconfortos da doença, Ísis finalmente aprendeu como lidar e se alimentar corretamente. E hoje tem uma vida totalmente normal. "Tenho uma dieta controlada, leio sempre todos os rótulos dos alimentos e como não gosto muito de cozinhar, profissionais especializados me ajudam com a dieta dentro e fora da tevê", revela Ísis, e complementa: "Não brinquem com esta doença, saúde é coisa séria".

"Por ser uma doença autoimune, a celíaca não passa de uma pessoa para outra, não existe 'contágio'. Havendo suscetibilidade genética (doença presente na família), a probabilidade de se tornar um paciente celíaco aumenta em 10%."

Juliana Paes

A atriz, que interpreta Catarina em Meu Pedacinho de Chão/Rede Globo, também não é celíaca, mas recorreu à dieta e recuperou a silhueta após o parto do filho Pedro. Para isso, cortou a proteína no dia a dia. "Eliminei o que precisava em alguns meses, cortando apenas este item do cardápio."

Crédito (imagem): Divulgação Rede Globo/Zé Paulo Cardeal

Outros sintomas e tratamento

Além dos sintomas já descritos, o paciente pode sofrer déficit de crescimento, esterilidade, atraso menstrual, anemia (já que o intestino não consegue absorver o ferro), também aftas e inflamações na boca e garganta. Não há cura para a doença, o tratamento baseia-se exclusivamente no controle rigoroso da dieta alimentar. Felizmente, os alimentos sem glúten são relativamente fáceis de se encontrar, até em supermercados comuns. Existem lojas especializadas que trabalham exclusivamente com alimentos sem glúten e que também atendem por intermédio da internet, por telefone e entregam em domicílio.

Ao sentir os sintomas é importante que se consulte um médico e faça os exames básicos, pois muitas vezes alguns indícios nada têm a ver com a doença celíaca, o que pode atrapalhar um tratamento mais direto.

Com acompanhamento médico se faz um rastreamento completo, metabólico, e uma avaliação nutricional; somente com a biópsia da mucosa intestinal, aliada a uma endoscopia digestiva (se necessário) e teste com dieta alimentar, é possível concluir com precisão o diagnóstico.

Muitas vezes, um indivíduo não aceita bem alimentos com glúten e isso ocorre em diferentes níveis, dificultando a digestão. A intolerância frequentemente é detectada na infância, mas pode ficar oculta até os 50 anos, causando muitos problemas. Já o doente celíaco possui sintomas bem característicos e respostas importantes logo após ter contato com o glúten, apresentando diarreia, anemia, dermatites, quedas de cabelo etc.

Existindo controle e moderação na ingestão de glúten as melhoras aparecem no funcionamento dos intestinos, na aparência da pele, no aumento da energia e algumas vezes até se observa uma moderada perda de peso.

“A intolerância ao glúten frequentemente é detectada na infância, mas pode ficar oculta até os 50 anos.”

Na Dúvida, Não Consuma!

Lista de alimentos e bebidas com glúten

A melhor forma de se ter certeza se um alimento tem ou não glúten é criando o hábito de ler os rótulos de tudo que for consumir.

Grupo dos Tubérculos

Alimentos Permitidos no Grupo dos Tubérculos:

Arroz; batata; milho; mandioca; sagu; inhame; araruta; cará; trigo sarraceno.

- *Arroz:* creme (pó), arrozina, farinha, integral em pó e seus derivados.
- *Batata:* fécula ou farinha.
- *Milho:* pipoca, flocos, canjica, fubá, farinha e amido de milho.
- *Mandioca, Macaxeira ou Aipim:* polvilho azedo, polvilho doce, tapioca, fécula ou farinha.

Alimentos proibidos no Grupo dos Tubérculos:

Trigo; aveia; cevada; malte.

- *Trigo:* farinha, semolina, farelo e germe.
- *Aveia:* flocos, farinha, centeio.
- *Cevada:* farinha.
- *Malte:* todos os produtos elaborados com ele em sua composição.

Grupo de Bebidas

Bebidas Permitidas:

Café (com selo da ABIC); saquê, vinho, champanhe e aguardente; todos os sucos de frutas e vegetais feitos em casa, in natura; refrigerantes e chás.

Crédito (imagem): Divulgação Rede Globo/Raphael Dias

Anderson Di Rizzi

Após dar vida ao "Palhaço" da telenovela Amor à Vida/Rede Globo, o ator passou a se dedicar cada vez mais à malhação e, para definir a silhueta, Anderson aderiu à dieta equilibrada, repleta de alimentos saudáveis, sem carne vermelha, glúten e lactose, e está feliz com os resultados: "Esta nova alimentação trouxe energia e fiquei mais disposto até para malhar. Com isso, a perda de peso foi natural".

Bebidas Proibidas:

Bebidas em que a composição não apareça ou não esteja clara no rótulo; café misturado com cevada; bebidas maltadas; whisky; cerveja; vodka; gin.

Grupo dos Leites e Derivados

Bianca Rinaldi

Para a Dra. Silvia da telenovela Em Família/Rede Globo, restringir a proteína na alimentação foi natural após dar à luz as gêmeas Beatriz e Sofia. Orientada por uma nutricionista, aderiu à dieta balanceada e restritiva de glúten e lactose. Embora seja apaixonada por doces, é fã de spinning e queima calorias sempre que abusa um pouquinho, com muita música e animação.

Crédito (imagem): Divulgação Rede Globo/Alex Carvalho

Leites e Derivados Permitidos:

Iogurte e requeijão (leia o rótulo, esses produtos podem conter glúten); leite em pó de todas as categorias (integral, desnatado etc.); leite em caixa ou saco plástico de todas as categorias (integral, desnatado etc.); leite condensado, Yakult; creme de leite; queijos fresco, parmesão e ricota; pão de queijo.

Leites e Derivados Proibidos:

Leites achocolatados com malte ou com extrato de malte; queijo preparado com mistura de cereais proibidos.

Grupo dos Achocolatados, Acúcares e Doces

Achocolatados, Acúcares e Doces Permitidos:

Achocolatados de cacau, balas e caramelos (com rótulo esclarecendo que se trata de produto sem glúten); açúcar derivado de cana; rapadura; melado, mel, glucose de milho; geleias de fruta e mocotó, doces e sorvetes caseiros (desde que produzidos com alimentos permitidos).

Achocolatados, Acúcares e Doces Proibidos:

Há uma infinidade de produtos dessa categoria proibidos – fique de olho no rótulo. Na dúvida, EVITE!

Grupo das Carnes

Carnes Permitidas:

Carnes de aves, boi, cabrito, porco, rã, peixes, frutos do mar; praticamente todas as carnes, incluindo linguiça e presunto caseiros.

Carnes Proibidas:

Patês enlatados e embutidos; carne preparada à milanesa; salames e algumas salsichas.

Grupo das Gorduras e Óleos

Gorduras e Óleos Permitidos:

Manteiga; margarina; azeite; óleos vegetais; gordura vegetal hidrogenada; banha de porco.

Gorduras e Óleos Proibidos:

Há uma infinidade de produtos dessa categoria proibidos – fique de olho no rótulo..., na dúvida, EVITE!

Grupo dos Grãos

Grãos Permitidos

Soja; grão-de-bico; extrato proteico de soja e extrato hidrossolúvel de soja; feijão; lentilha; ervilha seca; broto de feijão; amendoim.

Grãos Proibidos:

Extrato proteico vegetal (com exceção de soja); proteína vegetal hidrolisada.

Crédito (imagem): Divulgação Rede Globo/Estevam Avelar

Suzana Pires

O segredo do corpo incrível da atriz é uma dieta equilibrada e atenta. Disciplinada, mesmo sem ter qualquer intolerância à proteína do glúten, Suzana Pires cortou o item da alimentação há mais de seis anos. E leva a sério: "Não tenho nada com glúten em casa, penso muito antes de consumir, e na geladeira tenho apenas legumes e frutas. Frituras, bebida alcoólica e pizza? Nem pensar. Fujo da tentação, mas se quero muito uma coisa, como só um pouco, que, na verdade, por estar desacostumada, acabam nem fazendo tão bem".

Grupo das Hortaliças

Todas as Hortaliças são Permitidas.

Grupo dos Condimentos

Grupo dos Condimentos Permitidos:

Ajinomoto; sal; pimenta; vinagre fermentado de vinho tinto e de arroz; cheiro verde.

Grupo dos Condimentos Proibidos:

Maionese, mostarda, catchup etc., industrializados, que podem conter glúten.

Letícia Spiller

Fã da boa comida e adepta dos bons alimentos, Letícia não descuida da saúde e do corpo. "Adoro sopas e saladas." Por conta disso, fica de olho no glúten, controlando e abusando das frutas e legumes orgânicos. Fã de tapioca com peito de peru, sempre que pode degusta a iguaria.

Crédito (imagem): Divulgação Rede Globo/Rocha Miranda

Grupo das Frutas

Todas as Frutas são Permitidas.

Fique de olho no valor proteico e vitamínico de cada uma:

› *Abacaxi: é digestivo, vitamínico e rico em sais minerais.*

› *Goiaba, laranja, kiwi, caju, tangerina: são frutas ricas em vitamina C.*

› *Banana: rica em potássio.*

› *Maçã: rica em fibras, essencial para o bom funcionamento do coração.*

› *Manga: valor calórico elevado, rica em vitamina A.*

› *Maracujá: bom para diminuir a pressão arterial, é calmante.*

› *Melão e melancia: são ambos diuréticos poderosos.*

› *Morango: rico em potássio e vitamina C.*

› *Pêssego e nectarina: frutas ricas em vitamina A e C.*

› *Pera: rica em vitamina A e C, potássio e fibras; excelente para o bom funcionamento do trato cardíaco.*

Benefícios e Riscos de uma Alimentação com Glúten

Segundo Lucélia Costa, presidente do Fenacelbra – Federação Nacional das Associações de Celíacos do Brasil –, o mais importante é o diagnóstico precoce:

> *"Queremos dignidade e qualidade de vida aos que vivem na invisibilidade. Ao receber o diagnóstico, você recebe também a capacidade de autogerir a saúde."*

A ingestão de glúten pode provocar inflamações articulares e gastrointestinais em algumas pessoas e também inchaço, dores de cabeça e indisposição. Lembre-se de que a retirada do glúten da dieta só deve ser feita após consulta com seu médico e com um nutricionista. Diz Lucélia Costa:

> *"Segundo o Conselho Regional de Nutrição, desde 2013 foi divulgado um parecer oficial que diz: 'Dieta com restrição ao glúten só deve ser feita por pessoas com doença celíaca e/ou intolerância ao glúten.'"*

A restrição à retirada do glúten da dieta deve-se ao fato de que isso possa ocasionar deficiência de nutrientes essenciais. Além disso, adotar uma alimentação com restrições nem sempre é uma tarefa fácil de concluir, especialmente porque é preciso atenção aos rótulos e tudo que for ingerir. Também não podemos deixar de mencionar que a alimentação sem essa proteína provoca algumas melhorias no bem-estar geral, como:

- Redução do estado psíquico e depressivo;
- Diminuição da inflamação das mucosas (ouvido, órgãos genitais, garganta etc.);
- Aumento da sensação de energia e vitalidade;
- Alívio das dores articulares;
- Redução das enxaquecas e dores de cabeça;
- Diminuição da retenção de líquidos, favorecendo sua eliminação;
- Redução do volume da barriga, tornando a silhueta mais harmoniosa.

Em cerca de 30 dias de dieta, as primeiras alterações no organismo já podem ser detectadas.

ENDEREÇOS MÉDICOS ÚTEIS

Dra. Silvia Menezes Ferreira
CRM - 63954
Cardiologista, acupunturista e profa. com doutorado pela Unifesp.

Dr. Filipe Martins de Mello
CRM/SP - 148509
Reumatologista - Hospital São Paulo.

Dra. Adriana Lucia Van Erven Ávila
CRN - 3-2816
Nutricionista, especialista em nutrição hospitalar pelo InCor. Contatos: alvea@uol.com.br; tel. (11) 8317-9060 – SP.

Dr. Felipe Favorette
CRM/SP - 118412
Ginecologia e obstetrícia.

Juliana Aiko Watanabe
Nutricionista graduada pela UNIFESP e pós-graduada pelo InCor.
www.nutricaoeprevencao.com.br

Bianca M. Chimenti Naves
CRN - 13593
www.nutricaoeprevencao.com.br

Dr. Alexandre C.B. de Luca
MD and Phd – CRM - 90895
Diretor fundador da Clínica Dhâranâ.

Dra. Thais Mussi
CRM/SP - 27542
Endocrinologista e metabologista.

Dra. Ligia Kogos
Dermatologista formada pela UNIFESP; membro da Sociedade Brasileira de Dermatologia. Tel.: (11) 3052-3551 – SP.

Dicas para Viver Bem sem Glúten

Vítor Belfort

Em razão do treinamento que faz para suas lutas, Vítor Belfort também não inclui a proteína do glúten em sua dieta, mas nem por isso come mal! – "Comigo não tem erro, se for preciso vou para a cozinha e preparo muita coisa boa. Na verdade, eu evito todo tipo de carboidrato; os únicos alimentos que consumo são frutas e legumes – é uma dieta gostosa."

Crédito (imagem): Divulgação Rede Globo/Zé Paulo Cardeal

O dia 18 de maio é o Dia Internacional do Celíaco. Colabore, então, sendo criativo e inventando dicas para ajudar a combater a doença.

■ O **teff** é o menor grão do mundo. Sem glúten, é rico em cálcio, potássio, vitamina B1, vitamina C, proteína e hidratos de carbono. Tem baixo nível de açúcar e gordura. Ele é vendido sob a forma de farinha, que você usa trocando pela farinha de trigo normal. É possível cozer um pão feito desse grão ou simplesmente ingeri-lo cozido, já que é um espessante excepcional para molhos e sopas.

> *Reações adversas podem comprometer sua saúde e bem-estar como um todo se não forem identificadas e cuidadas a tempo. Por isso, identifique o que não está bem com um especialista e siga as orientações do seu médico.*

- Para melhor identificação na geladeira e no armário onde guarda seus alimentos, faça etiquetas – SEM GLÚTEN. Assim, você evita confusões e contaminações.

- Mantenha sua bancada e utensílios sempre bem limpos para evitar contaminação.

- Seja sempre minucioso com medidas e materiais de limpeza ao cozinhar, misturar, cortar, servir etc. Evite também a contaminação por meio de roupas de trabalho e pelo contato das mãos. Lembre-se de que um prato, por mais chique e mais bonito que seja, se tiver um ingrediente com glúten, é um prato contaminado.

- Farinha de alfarroba, você conhece? Ela é muito parecida com o cacau em pó, especialmente na cor. Só que é diferente no sabor e na textura. É doce, possui baixo teor de gordura, é rica em cálcio, fibras e está repleta de pectina. O melhor é que não contém glúten. Ao usar a farinha de alfarroba, substitua o volume na mesma proporção – 1 xícara X 1 xícara – nas receitas. A farinha de alfarroba serve para espessar e gelificar.

> *Fique sempre muito atento à sua saúde. O corpo fala. Por isso, seu cuidado pessoal é o que mais pode te ajudar na prevenção, para que outras doenças não se manifestem. Consulte sempre seu médico.*

■ Celíaco prevenido é celíaco com saúde. Quando for viajar ou passear, não se esqueça de levar sua própria comida.

■ Existem doenças incuráveis..., mas rara é aquela que pode ser tratada APENAS com uma mudança na dieta alimentar. Por isso, não se lamente. Ao contrário, pesquise, informe-se.

■ Acostume-se a ler os rótulos dos produtos que adquire e aprenda a evitar a contaminação cruzada. Comece a cozinhar, envolva os amigos e familiares. Descubra um mundo novo para você!

■ Evite o mínimo risco de contaminação cruzada. Não mexa com alimentos ou cozinhe onde outros foram ou estão sendo feitos. Alimentos sem glúten devem ser manipulados antes dos alimentos com glúten. No supermercado, fique de olho em tudo que pode estar contaminado por farinha de trigo, até mesmo o assoalho, pois isso pode ser um problema para os celíacos alérgicos.

■ Ensine seu filho a distinguir o que pode ou não comer. Ensine-o a dizer NÃO quando lhe oferecerem alimentos, especialmente aqueles que lhe são desconhecidos. Ensine a seu filho que existem alimentos que, mesmo que os outros comam e não lhes faça mal, para ele podem causar algum problema.

■ Para alcançar uma dieta rigorosa sem glúten é preciso monitorar constantemente sua dieta. Tenha em sua biblioteca *O perigo do glúten – descubra como ele afeta sua saúde e previna-se contra seus efeitos*, Editora Alaúde, de autoria de James Braly e Ron Hoggan.

■ Tão logo receba o diagnóstico, consulte imediatamente um nutricionista. Só ele vai determinar a sua alimentação dali em diante e indicar as trocas mais saudáveis.

■ Sempre que fizer algum tipo de restrição ao glúten em sua alimentação, faça-o por duas semanas a 40 dias — o chamado "período de exclusão" serve para investigar como seu organismo reage na presença da proteína. Após o período de exclusão, vá introduzindo o glúten aos poucos na dieta. Depois de alguns dias, volte a excluir o glúten e observe se nos quatro dias seguintes os sintomas desagradáveis voltam a acontecer.

■ Uma boa terapia preventiva para o organismo é evitar o glúten na dieta dos bebês até que tenham um ano de vida.

"Ao sentar-se à mesa para suas refeições, lembre-se de que uma alimentação variada, colorida, gostosa e nutritiva é a chave para ficar bem, livre de qualquer desconforto e com boa disposição para trabalhar e se divertir."

"Tome de três a quatro copos de leite de soja ao dia e obtenha todos os seus benefícios. Incluir a soja dentro de uma dieta equilibrada é importante para a pele e cabelos por seus princípios antioxidantes, proteínas e ferro."

Crédito (imagem): Divulgação Rede Globo/Zé Paulo Cardeal

Roberta Miranda

"Descobri a doença celíaca só depois de ter feito alguns exames de rotina investigando a causa de alguns desconfortos. O exame acusou alergia ao glúten e à lactose. Levei muito a sério as recomendações médicas e só com a atenção maior na dieta, tudo melhorou e eu até emagreci."

TABELA DE CONVERSÃO

QUANTIDADE DE FARINHA DE TRIGO	QUANTIDADE DE FARINHA DE ARROZ
½ xícara	⅓ xícara
1 xícara	½ xícara
1¼ de xícara	¾ de xícara
1½ xícara	1 xícara
1¾ de xícara	1¼ xícara
2 xícaras	1 ½ xícara
2 ½ xícaras	1½ xícara
2 ¾ de xícara	2 xícaras
3 xícaras	2 xícaras

Cris Vianna

"Não sou celíaca, mas procuro evitar a ingestão de glúten na minha dieta há muito tempo. Para isso, procurei uma nutricionista e junto dela vou testando e experimentando, novidades gastronômicas. Foi uma decisão tomada em conjunto depois de muita conversa, e ainda hoje sou supervisionada por uma profissional."

Crédito (imagem): Divulgação Rede Globo/Raphael Dias

Farinha de Trigo para Farinha sem Glúten

OBS. Para a feitura desta tabela de conversão foi usada como medida a xícara de chá (240 ml).

QUANTIDADE DE FÉCULA DE BATATA	QUANTIDADE DE FÉCULA DE MANDIOCA OU POLVILHO	QUANTIDADE DE CMC OU GOMA XANTANA
2 col. (sopa)	1 col. (sopa)	¼ col. (chá)
3 col. (sopa)	1 col. (sopa)	½ col. (chá)
⅓ de xícara	3 col. (sopa)	⅔ col. (chá)
5 col. (sopa)	3 col. (sopa)	¾ col. (chá)
5 col. (sopa)	3 col. (sopa)	1 col. (chá)
⅓ xícara	⅓ xícara	1 col. (chá)
½ xícara	¼ xícara	1⅛ col. (chá)
½ xícara	¼ xícara	1¼ col. (chá)
⅔ de xícara	⅓ de xícara	1½ col. (chá)

Depoimentos de quem Convive com a Intolerância ao Glúten

Conheça histórias de vida que marcam momentos e maneiras muito próprias de conviver bem com a doença.

▪ *Alfredo de Figueiredo Laydner Filho, 42 anos, servidor público, Porto Alegre, RS*

Tudo começou em 2009. Já fazia mais de dois anos que eu estava com uma diarreia crônica, sem um diagnóstico preciso da causa. Até que um dia uma amiga me disse que seu gastroenterologista havia diagnosticado para ela a *Síndrome do Intestino Irritável*. Seu sintoma? Diarreia crônica. Para mim, tudo explicado, acreditei, disse *'é isso o que eu tenho!'*. Na mesma hora, marquei uma consulta com o mesmo *gastro* dela. E o diagnóstico foi certeiro: eu tinha a doença celíaca. Confesso que o início assusta: fiquei perdido, sem saber o que comer. No mercado, quase tudo tem glúten. Mas hoje, depois de cinco anos, a vida melhorou muito. Até o supermercado oferece quase tudo em versão sem glúten. É verdade que ainda é mais fácil ser celíaco nas capitais do que no interior; mais fácil nas regiões Sul e Sudeste do que em outras. Mas é possível ter uma vida praticamente normal.

Um alerta para isso é que é fundamental seguir a dieta à risca. Os problemas da falta de controle podem ser sérios, como um câncer de intestino. Fique alerta sempre, pois é uma doença grave e incurável. A vantagem é que o nosso remédio está na mesa. Minha dica é que, se possível, toda a família passe a consumir as marcas sem glúten, pois o principal desafio é evitar a contaminação do glúten na cozinha e nos alimentos pelo compartilhamento de utensílios.

▪ *Larice da Silva, economista, Sapucaia do Sul, RS*

Durante minha infância e adolescência, sempre fui chamada de "Maria das Dores", já que estava sempre com dor em algum lugar, tomando medicamentos e passando mal após comer. Por conta disso, estava sempre isolada dos colegas de escola e brincadeiras, chegando a me sentir envergonhada com os maus súbitos que tinha.

Aos 14 anos, engordei sem explicação, passei a reter líquidos, perder muito cabelo e minha pele ficou escamosa. Junto com tudo isso, seguia sempre visitando médicos e tentando descobrir por que motivo minha anemia nunca curava e por que eu sempre tinha alguma infecção. Aos 20 anos, tive dois meses de diarreia crônica e, com isso, perdi 15 quilos. Foi aí que decidi procurar um especialista em estômago, que me solicitou uma colonoscopia com urgência, mas um dia depois meu estado de saúde piorou e fui levada para a emergência de um hospital em que esse médico estava de plantão. Lá mesmo fiz alguns exames e fui diagnosticada como celíaca. Meu Deus, o que é isso?! Na hora, minha reação e de minha mãe foi entrar em choque.

Saímos de lá com o diagnóstico e com a difícil missão de comprar alimentos sem o tal glúten (que ainda não imaginávamos o que era). Você sabe o que é ficar até quatro horas num supermercado procurando por alimentos, cosméticos e produtos de higiene sem glúten? Eu e minha família sabemos!

Iniciei a dieta sem glúten e também o acompanhamento com um especialista que nos informou sobre a contaminação cruzada e lá fomos nós nos desfazer de panelas, utensílios e tudo mais que já havia sido utilizado com glúten. Após a retirada total do glúten, meus sintomas não passaram por completo e foi aí

Crédito (imagem): Divulgação Rede Globo/João Cotta

Ana Carolina

A cantora é celíaca, e por conta disso não inclui o glúten em sua dieta desde quando descobriu a doença. "Até descobrir a doença, todo o processo foi uma luta para mim, com descobertas e muito aprendizado. Agora, graças a Deus, está tudo bem e convivo tranquila com as restrições. Hoje, faço exercícios regulares e tenho muita atenção em tudo que eu como, sou minuciosa com rótulos, mas dentro do regular."

que descobrimos minha intolerância à lactose. Mais uma vez, mudei toda a alimentação novamente. No início, é tudo muito assustador e deprimente!

Graças à equipe médica que me acompanha até hoje, à minha família e à ACELBRA-RS, me adaptei fácil a essa vida mais natural e consegui seguir em frente, sem lamentações.

Aqui no Rio Grande do Sul a associação que representa a nós, celíacos, é muito ativa, temos eventos de confraternização e todos, sem restrição, se ajudam! Trocamos dicas, receitas, fazemos compras em conjunto para aproveitar descontos e fretes (já que os alimentos sem glúten são extremamente caros no Brasil) e, dessa forma, nos sentimos integrados na sociedade que nos julga por ter conhecimento apenas do que se vê na televisão: a dieta das celebridades.

Para garantir a segurança dos alimentos que estava ingerindo e para evitar gastos absurdos com alimentação, comecei a fazer cursos de culinária sem glúten e sem lactose, além de testar adaptações das receitas que fazia antes de descobrir a doença celíaca. Hoje, a doença celíaca e a intolerância à lactose não são apenas uma limitação alimentar e, de certa forma, são minha fonte de renda. Juntamente com minha família, produzimos e comercializamos produtos livres de glúten, lactose e contaminação cruzada.

▪ *Ana Paula Fonseca Carneiro Monteiro*

(www.facebook.com/AMSemglutenSemleite)

Sou celíaca e alérgica a leite. Há alguns anos descobri que as rinites, coceiras no corpo, amigdalites, barriga inchada e outros tantos desconfortos e doenças que me acometiam eram causados pela alergia ao glúten e ao leite. Não foi fácil eliminar da minha alimentação esses produtos e seus derivados. Hoje, depois de aproximadamente oito anos, ainda sofro muito quando sou contaminada. Todo cuidado e vigilância são poucos quando nos deparamos com uma estrutura alimentar externa à nossa casa, que desconhece o mal que nos causa uma pequena migalha, a contaminação cruzada existente em todos os locais que manipulam leite e glúten e ameaçam a vida em sociedade. Tenho desejo de comer e saborear algo tão lindo quanto gostoso da mesma forma que todos os outros seres humanos. Em busca deste objetivo, criei e adaptei algumas

Giovanna Antonelli

Ela também não é celíaca, mas procura diminuir a ingestão do glúten especialmente durante a semana. Aí, para relaxar um pouco, se deixa "abusar" com uma coisa ou outra saborosa, nos finais de semana. Tudo sempre com acompanhamento de sua nutricionista.

Crédito (imagem): Divulgação Rede Globo/Paulo Bellot

receitas familiares e assim nasceu *Ana Monteiro*, que visa levar esse mesmo prazer a outros celíacos e intolerantes.

▪ *Raquel Benati*

Criei o <www.riosemgluten.com> em setembro de 2004. Nele, coloquei todas as informações que gostaria de ter tido acesso quando tive meu diagnóstico de doença celíaca (em dezembro de 1994 – naquela época a internet só existia dentro dos laboratórios e bibliotecas das universidades públicas e não havia livros para leigos sobre a doença celíaca e a dieta sem glúten).

O site representou a Associação de Celíacos do Brasil – Seção Rio de Janeiro – ACELBRA-RJ – de 2004 a 2014, quando finalmente a Associação pôde ter seu próprio domínio hospedado dentro do Portal da FENACELBRA.

Durante esses dez anos de existência, as informações divulgadas no site têm ajudado muitas pessoas a conhecerem melhor a doença celíaca e a aprenderem a lidar com essa condição cotidianamente.

▪ *Thadeu Ayub*

www.alemdonatural.com.br

Desde os sete anos de idade, em 2006, quando descobri a doença celíaca, uma intolerância herdada geneticamente, minha alimentação foi ficando cada vez mais complexa. Sou o primeiro caso em toda a família. Mas foi em 2004 que ela se manifestou pela primeira vez. Com o tempo, alguns sintomas como diarreia constante, dores no abdômen, vômitos esporádicos e perda de apetite surgiram. E naquela época foi muito difícil encontrar uma variedade de produtos sem glúten no mercado. Nem mesmo restaurantes visavam a ideia de trabalhar com esse público. E a doença, até então pouco conhecida no Brasil, foi se mostrando mais presente

Depoimento da família de Thadeu Ayub

O Thadeu, hoje com 15 anos, começou a mostrar os sintomas aos dois anos e só depois de dois anos e meio, com quase cinco anos de idade, foi que descobrimos que poderia ser intolerância alimentar. Ele é o único em nossa família. E é muito sensível, suscetível à contaminação cruzada. Aqui, a manteiga, a torradeira, o liquidificador são separados, porque o contato com o glúten pode fazer com que ele passe mal. Por isso, damos toda a atenção aos textos de divulgação da DC (doença celíaca).

A partir de 2008, com a inauguração de nossa loja, descobrimos diversas empresas e produtos especializados para a alta demanda desses indivíduos especiais. Desde então, a dificuldade de alimentar o Thadeu de forma saudável e sem riscos para sua saúde foi se tornando mais simples e conseguimos levar o conhecimento de nossa história familiar para nossos clientes.

Um celíaco tem dificuldade para se alimentar fora de casa. E para facilitar essa busca por rótulos sem glúten (as mães devem ficar realmente estressadas com a verificação), separamos na loja tudo por setores de alergias, como está no site de nossa loja virtual. Trata-se de uma doença que precisa de carinho e atenção, especialmente dos familiares. [Viviane (mãe) e Thomaz Ayub (irmão)]

do que se imaginava. Sem parceiros habilitados verdadeiramente para lidar com isso, quer seja na estrutura para atender às necessidades especiais de seus integrantes, ou nos projetos de lei que regulamentam a necessidade especial alimentar. Minha família foi fundamental nessa caminhada e entrou no mercado fundando a *Além do Natural*, na busca de conseguir auxiliar, de forma profissional e responsável, outros indivíduos que sofrem dos mesmos preconceitos, constrangimentos e dificuldades.

▪ *Maria Clara Lutke, confeiteira e chef do site Maria Clara Doces Sem Glúten.*

<www.facebook.com/mariaclaradoces>

Sou neta de confeiteira e cresci vendo minha "Oma" (avó, em alemão) fazendo deliciosos bolos no forno e comidas incríveis no fogão. Em 2006, quando minha mãe descobriu a doença celíaca, após o susto e inúmeras medidas urgentes, especialmente na cozinha, começaram as dificuldades em encontrar os produtos sem glúten. Essas dificuldades fizeram com que eu me esforçasse cada vez mais para transformar as receitas que já conhecíamos. Hoje faz um ano que comercializo produtos sem glúten por toda SC. Já entregamos em Curitiba e SP. Nesse último final de semana, realizamos o primeiro rodízio de pizzas sem glúten de SC. Foi um sucesso, com mais de 60 celíacos e suas respectivas famílias. Esta é uma doença que merece todo cuidado e dedicação, é um olhar para si mesmo com muito amor, especialmente na hora das refeições, lembre-se disso. E estou na minha página do Facebook sempre pronta a testar novas receitas.

▪ *Enrico Massarutto, 46 anos, empresário atuante na área da distribuição elétrica.*

Fui diagnosticado há três anos com a doença celíaca, por meio do resultado de um exame de sangue de rotina, pois a minha doença é assintomática, ou seja, sem manifestações evidentes.

Eu estava com os valores de ácido fólico, vitaminas e ferro muito baixos. Eles somente voltaram a se normalizar após um ano e meio mantendo uma rigorosa dieta, totalmente livre de glúten. Na Itália, onde estou vivendo, todos os alimentos sem glúten ou sem lactose que se encontrem disponíveis no supermercado, trazem um símbolo confiável, além de rótulos listando todos os itens usados na preparação. Em outros países, isso às vezes pode complicar um pouco. Acho importante falar sobre a doença, informar as pessoas e ter os cuidados necessários consigo mesmo, para uma vida saudável e feliz.

Receitas Culinárias
SABOROSAS

Arroz-doce

Ingredientes

- 1 xícara (chá) de arroz integral
- 3 xícaras (chá) de água
- 2 litros de leite integral tipo A (não serve de caixinha)
- 6 colheres (sopa) de leite em pó
- 1 ¼ xícara (chá) de agave
- 1 canela em pau
- Canela em pó a gosto

Modo de preparo

Lave o arroz integral e leve para cozinhar na panela de pressão com água por 20 minutos. Desligue o fogo e destampe. Adicione o restante dos ingredientes. Cozinhe fora da pressão e em fogo lento de 20 a 30 minutos ou até adquirir consistência cremosa. Retire o pau de canela e sirva com canela em pó. Guarde em pote com tampa por até cinco dias.

** Receita do programa Bem-Estar – Rede Globo, 03/02/2014.*

Bomba de Chocolate sem Glúten, com Recheio de Creme de Baunilha

Ingredientes

- 7 colheres (sopa) de óleo vegetal
- 1 xícara (chá) de água
- 1 pitada de sal
- 1 colher (sopa) de açúcar
- ½ xícara (chá) de polvilho doce
- ½ xícara (chá) de farinha de arroz
- ½ xícara (chá) de amido de milho

Modo de preparo

Coloque para ferver em uma panela o óleo, a água, o açúcar e o sal. Agora, em uma vasilha coloque o polvilho doce, a farinha de arroz e o amido de milho. Pegue a mistura de farinhas e junte aos ingredientes da panela com o caldo fervente ainda no fogo e mexa bem até descolar do fundo da panela. Aguarde a massa ficar morna e coloque na batedeira com quatro ovos inteiros (um a um) até ficar bem homogênea. Coloque a massa em um saco de confeiteiro e faça as bombas no formato que preferir. Leve ao forno a 250 graus até dourar.

Creme de Baunilha

Ingredientes

- 500 ml de leite
- 1 xícara (chá) de açúcar
- 3 colheres (sopa) de amido de milho
- 3 gemas
- Gotas de essência de baunilha

Modo de preparo

Leve ao fogo e mexa até engrossar. Depois de frio, recheie as bombas e sirva-as banhadas de calda de chocolate.

** Receita de Maria Clara, confeiteira e chef do site Maria Clara Doces.*

Pudim de Coco
sem Glúten

Ingredientes
- 1 litro de leite de soja
- 200 ml de leite de coco
- 4 colheres (sopa) de amido de milho
- 1 xícara (chá) de açúcar cristal
- 1 xícara (chá) de coco ralado

Modo de preparo
Dissolva bem o amido de milho no leite de coco e reserve. Agora, junte todos os ingredientes restantes em uma panela. Leve ao fogo até ferver. Abaixe o fogo e aguarde amornar, sempre mexendo para não grudar. Desligue o fogo e mexa até esfriar completamente. Despeje em uma forma para pudim ou em taças pequenas. Leve à geladeira por três horas antes de servir.

Calda
Ingredientes
- 1 xícara (chá) de água
- ½ xícara (chá) de açúcar
- 100 g de ameixas secas sem caroço

Modo de preparo
Leve ao fogo as ameixas, a água e o açúcar. Deixe ferver até formar uma calda mole. Ao servir, decore o pudim com a calda e as ameixas.

Gengibre Marcante

Ingredientes
- 6 xícaras (chá) de água
- ¼ de xícara (chá) de gengibre picado
- ½ xícara (chá) de suco de limão
- ½ xícara (chá) de folhas de hortelã
- 6 colheres (chá) de mel
- 1 limão em fatias

Modo de preparo
Leve ao fogo o gengibre, a água e o suco do limão. Deixe ferver. Em seguida, abaixe o fogo e deixe cozinhar por cinco minutos. Retire do fogo e coloque a hortelã. Deixe em infusão por quatro minutos. Depois, peneire toda a mistura e esprema bem. Adoce com o mel. Sirva quente ou gelado e decore com fatias de limão.

Abacaxi com Calda de Gengibre e Laranja

Ingredientes

- Açúcar
- Uma fatia de abacaxi
- Suco de laranja
- Gengibre

Modo de preparo

Em uma panela, coloque o açúcar com um pouco de água e leve ao fogo. Assim que virar um caramelo, coloque o abacaxi. Sele a fatia de abacaxi no açúcar e adicione o gengibre e o suco de laranja. Retire da panela e sirva com uma bola de sorvete de creme ao lado (opcional). Use um galho de hortelã para enfeitar.

** Sugestão de Mary Nigri, chef do restaurante O Quattrino, uma receita de sucesso do gerente Reginaldo.*

Salada Quattrino de Folhas Verdes

Ingredientes

- Alface americana
- Rúcula
- Agrião
- Fios de cenoura crua
- Fios de beterraba crua
- Nozes picadas

Modo de preparo

Lave as folhas e seque bem. Coloque em um prato com harmonia, de modo que fique bem colorido e apetitoso. Regue com o molho de sua preferência.

(Sugestão) Molho de Queijo

Ingredientes

- 1 copo (americano) de iogurte desnatado
- Queijo roquefort

Modo de preparo

Misture bem todos os ingredientes até que estejam bem incorporados e regue a salada.

(Sugestão) Molho de limão

Ingredientes

- Azeite
- Vinagre balsâmico
- Limão

Modo de preparo

Misture bem todos os ingredientes até que estejam bem incorporados e regue a salada.

** Receita de Mary Nigri, chef do restaurante O Quattrino.*

Bolo Nuvem de Claras

Ingredientes

- 4 gemas
- 4 claras em neve
- 1 xícara (chá) de amido de milho
- 1 xícara (chá) de açúcar
- Gotas de essência de baunilha
- 1 colher (sopa) rasa de fermento em pó
- 1 pitada de sal

Modo de preparo

Separe as gemas e claras. Bata as claras em neve ("pico firme") e reserve. Em outra vasilha, bata as gemas com o açúcar e uma pitada de sal. Bata até a mistura ficar cremosa e junte a baunilha (ou qualquer outra essência de sabor de sua preferência). Misture as claras em neve com o amido e as gemas aos poucos, intercalando. Por fim, junte o fermento e misture delicadamente. Coloque em forminhas de cupcake ou em uma única forma untada. Leve ao forno médio por 45 minutos. Decore o bolo com frutas como banana, maçã, passas.

Suco Especial de Limão

Ingredientes

- 1 limão (suco)
- ½ laranja descascada
- 1 copo (americano) de água mineral
- Gelo a gosto
- Adoçante a gosto

Modo de preparo

Bata os ingredientes no liquidificador, coe e beba em seguida.

Suco Refrescante de Tangerina

Ingredientes

- ½ xícara (chá) de suco de limão
- 1 copo (americano) de água com gás
- 2 xícaras (chá) de suco gelado de tangerina
- 4 fatias de limão

Modo de preparo

Misture suavemente o suco de limão, a água e o suco de tangerina em uma jarra e sirva em copos altos. Decore os copos com as fatias de limão.

Suco de Melancia

Ingredientes

- 2 fatias médias de melancia sem as sementes
- ½ copo (americano) de suco de goiaba concentrado
- ¼ xícara (chá) de suco de limão
- 1 copo (americano) de água gelada
- Fatias de limão para decorar
- Adoçante, se necessário
- Gelo a gosto

Modo de preparo

Bata os ingredientes no liquidificador, coe e sirva em copos altos, decorados com fatias de limão.

Suco de Laranja Real

Ingredientes

- 2 xícaras (chá) de suco de laranja gelado
- 1 xícara (chá) de leite de soja gelado
- ½ xícara (chá) de tofu
- 1 colher (sopa) de mel
- 1 colher (chá) de raspas de laranja
- Gelo a gosto
- Gotas de essência de baunilha
- 2 gomos de laranja descascados para decorar

Modo de preparo

Bata no liquidificador o leite de soja, o suco de laranja, o tofu, o mel, as raspas de laranja, a baunilha e os cubos de gelo. Deixe misturar até ficar homogêneo. Coloque em copos altos e decore com os gomos de laranja.

Bolo sem Leite, sem Ovo e sem Glúten

Ingredientes

- 200 ml de suco de laranja
- 200 ml de óleo vegetal
- 200 ml de açúcar
- 1 pitada de sal
- 400 ml de farinha de arroz
- 1 colher (sopa) bem cheia de fermento em pó
- 1 colher (café) de farinha de linhaça

Modo de preparo

Bata todos os ingredientes no liquidificador, coloque em uma forma untada com óleo e leve ao forno médio, preaquecido, por 40 minutos ou até dourar.

** Receita de Cecília Mamede, Facebook Pró-Celíacos.*

Pão de Queijo
de Liquidificador da Rê

Ingredientes

- 4 ovos
- 400 ml de leite
- 1 colher (sopa) de sal
- 600 g de queijo caipira
- 3 ½ xícaras (chá) de polvilho doce
- 1 colher (sopa) de fermento em pó
- 3 colheres (sopa) de óleo vegetal

Modo de preparo

Bata todos os ingredientes no liquidificador. Deixe por último o polvilho doce, colocando-o aos poucos. A massa é mole, mas se necessário, adicione um pouco mais de polvilho. Coloque o fermento em pó por último. Leve para assar.

[Esta mesma receita pode ser usada para fazer deliciosos crepes ou *waffles*.]

***** Receita de Rejane Reis, do site Rio Sem Glúten.**

Vitamina Deliciosa
de Morango e Goiaba

Ingredientes

- 6 morangos gelados e picados
- 1 goiaba vermelha média picada
- ½ copo (americano) de leite de soja
- 1 xícara (chá) de iogurte desnatado e gelado
- 2 morangos cortados em fatias para decoração
- Adoçante a gosto

Modo de preparo

Bata no liquidificador o leite de soja, os morangos gelados, a goiaba e o iogurte gelado. Deixe misturar até ficar bem homogêneo. Coloque em copos altos e decore com morangos.

Tapioca sem Glúten Deliciosa

Ingredientes

- 150 g de massa para tapioca
- Fatias de queijo
- 1 colher (chá) de queijo cremoso
- Sal a gosto

Modo de preparo

Coloque a massa em uma frigideira; espalhe bem e pressione a massa; asse a massa, virando-a ocasionalmente; coloque o recheio e feche bem. Sirva em seguida.

Pãozinho Especial Hora do Lanche

Ingredientes

- 3 xícaras (chá) de farinha sem glúten
- 3 colheres (sopa) de açúcar
- 4 colheres (sopa) de margarina sem sal
- 2 colheres (sopa) de fermento em pó
- 2 ovos médios
- 1 xícara (chá) de leite
- 1 gema para pincelar

Modo de preparo

Misture todos os ingredientes em uma tigela, mexendo com uma colher. Faça os pãezinhos e coloque-os em uma assadeira levemente untada e pincele com gema de ovo. Aqueça o forno com temperatura máxima por 10 a 15 minutos. Deixe os pães descansando enquanto o forno estiver sendo aquecido. Passado esse tempo, leve-os ao forno, deixe-os assar por cinco minutos em temperatura máxima. Abaixe para 200 graus e deixe por dez minutos nessa temperatura. Depois, abaixe novamente o forno para 180 graus e deixe assar por mais dez minutos. Sirva-os quentes ou frios com manteiga, requeijão, geleia ou mel.

Obs.: Para seus pães assarem com perfeição, leve em conta duas regrinhas importantes:

- Ao colocar a massa na forma, alise bem para fechar os poros da massa e não deixar escapar nenhum ar durante o cozimento;

- Sempre que for assar seus pães, produza vapor no forno. Para isso, coloque na parte inferior do forno uma assadeira vazia e ligue o forno. Minutos antes de colocar o pão, coloque duas ou três pedras de gelo na assadeira para produzir vapor. Dois a três minutos depois, coloque a massa. Fica perfeito!

Bolo de Cenoura
Surpresa

Ingredientes
- 1 cenoura média/grande
- 1 xícara (chá) de leite vegetal, zero lactose
- 3 ovos
- ½ xícara (chá) de polvilho doce
- 3 colheres (sopa) de óleo vegetal
- 1 xícara (chá) de amido de milho
- 1 xícara (chá) de extrato de soja

1 colher (sopa) de fermento em pó

Modo de preparo
Separe as claras das gemas. Bata as claras (aquecidas por 15 segundos no micro-ondas) na batedeira até virarem claras em neve. No liquidificador, coloque a cenoura descascada em rodelas grossas, as três gemas, o leite ou água e o óleo. Bata até triturar a cenoura e incorporar tudo. Despeje a mistura do liquidificador na batedeira, adicione o amido de milho, o extrato de soja e o polvilho. Bata por cinco minutos, aproximadamente. Adicione por último o fermento em pó e bata rapidamente até integrar toda a massa.

Coloque em uma forma com furo no meio, ou outra de sua preferência, untada com margarina.

Leve ao forno preaquecido por 30 minutos, em temperatura de 230 graus ou fogo médio. A massa fica fofa e molhadinha, uma delícia!

Cobertura
Ingredientes
- 3 colheres (sopa) de cacau em pó
- 200 ml de leite de coco (ou qualquer leite)
- 2 colheres (sopa) de adoçante

Modo de preparo
Coloque tudo numa panela e misture até homogeneizar. Deixe no fogo até atingir a consistência desejada.

Pão de Queijo
de Minuto

Ingredientes
- 150 g de queijo parmesão ralado
- 1 colher (chá) de sal
- 1 copo (americano) de leite
- 2 xícaras (chá) de arroz cru
- 120 ml de óleo
- ½ kg de polvilho azedo.
- 3 ovos

Modo de preparo
Coloque todos os ingredientes no liquidificador, menos o queijo, e bata bem. Adicione o queijo ralado e misture, batendo mais um pouco. Com uma concha coloque uma fina camada do pão de queijo em uma máquina de *waffles* ou sanduicheira. Deixe por 5 minutos ou até dourar.

Biscoito de Polvilho Doce

Ingredientes

- 3 colheres (sopa) de polvilho doce
- 1 copo (americano) de água fervente
- 1 copo (americano) de óleo
- 4 ovos
- 1 colher (café) de sal

Modo de preparo

Coloque o polvilho em uma bacia e escalde com a água fervente. Acrescente o óleo e o sal. Misture bem e adicione os ovos, amasse bem. Coloque a massa em um saco de confeiteiro e faça bolinhas na forma ou pingue com uma colher. Asse em forno bem quente.

Pão Caseiro
Sabor de Amêndoa

Ingredientes

- 2 ½ xícaras (chá) de amêndoas
- 3 colheres (sopa) de farinha de banana verde
- 3 colheres (sopa) de farinha de linhaça
- 1 xícara (chá) de polvilho doce
- 1 xícara (chá) de araruta
- 1 colher (café) de sal
- 1 colher (sopa) de açúcar
- 1 ½ colher (sopa) de fermento biológico seco para pães
- 4 ovos
- ½ xícara (chá) de óleo vegetal
- ⅓ xícara (chá) de água

Modo de preparo

Numa tigela, coloque os ovos e o óleo e bata por dois minutos. Adicione as amêndoas, a farinha de banana verde, a farinha de linhaça, o polvilho, a araruta e o sal. Junte os ovos com o óleo e bata por mais três minutos.

Aqueça a água por 15 minutos no micro-ondas para amornar. Acrescente o fermento e o açúcar à água morna e deixe levedar de cinco a dez minutos (vai crescer como um bolinho).

Quando levedar o fermento, adicione-o na massa e bata rapidamente, só para misturar o fermento em toda a massa. A massa do pão fica com consistência semelhante à massa de bolo firme.

Distribua em duas formas (se for teflon, não precisa untar) untadas com um fio de óleo.

Obs.: Não é necessário deixar descansar para crescer fora do forno. Leve ao forno preaquecido por dez minutos, em 330 graus, por 40 minutos.

Flan de Baunilha com Calda de Caramelo

Ingredientes

- 400 ml de leite de amêndoas ou outro vegetal
- 4 colheres (sopa) bem cheias de amido de milho
- 1 colher (sopa) de essência de baunilha
- 5 colheres (sopa) de mel
- 3 colheres (sopa) de açúcar para a calda (usar frutose)

Modo de preparo

Flan

Coloque em uma panela o leite, o amido, o mel e mexa bem até dissolver tudo e ficar homogêneo. Ligue o fogo baixo e, com o auxílio de um fouet, mexa sem parar até engrossar ou começar a ferver. Quando engrossar, mexa rápido para não grudar. Desligue o fogo e adicione a essência de baunilha.

Mexa bastante para o sabor misturar bem em todo o preparo do flan.

Distribua em potinhos (pode ser forminhas de silicone) ou taças com a calda no fundo para desenformar.

Calda

Em uma panela bem pequena, coloque três colheres (sopa) de açúcar, seis colheres (sopa) de água e mexa bem até misturar, com o fogo desligado. Ligue o fogo baixo e deixe ferver por aproximadamente dois ou três minutos e está pronta.

Bolo de Arroz

Ingredientes

- 1 colher (sopa) de fermento em pó
- 1 xícara (chá) de queijo ralado
- 1 xícara (chá) de coco ralado
- 1 xícara (chá) de óleo vegetal
- 1 xícara (chá) de leite
- 2 xícaras (chá) de arroz cru
- 4 xícaras (chá) de água
- ½ xícara (chá) de açúcar
- 4 ovos

Modo de preparo

Um dia antes de fazer a receita, coloque em uma tigela o arroz de molho na água.

No dia da receita, coloque no liquidificador o arroz já escorrido, o leite, e bata bem. Adicione o restante dos ingredientes menos o fermento. Bata por 5 minutos e desligue. Acrescente o fermento e mexa bem a massa com uma colher de pau. Coloque em uma forma untada e leve ao forno a 180 graus. Retire quando estiver dourado.

Panqueca de Tapioca

Ingredientes

- 1 colher (sopa) em flocos de quinoa
- 1 ovo
- 1 colher (sopa) de tapioca

Modo de preparo

Misture os ingredientes no liquidificador e bata bem. Coloque a mistura na frigideira e deixe assar dos dois lados. Corte os pedaços e monte as panquecas com recheio doce ou salgado de sua preferência.

Creme de Confeiteiro para Sobremesa sem Lactose

Ingredientes

- 250 ml de leite de coco integral
- 3 gemas
- 1 colher (sopa) de amido de milho
- 3 colheres (sopa) rasas de açúcar
- 1 colher (chá) de pasta de baunilha ou raspas da fava de baunilha

Modo de preparo

Em uma panela, coloque e deixe ferver o leite de coco, a baunilha e metade do açúcar. Separadamente, disponha as gemas, o restante do açúcar e o amido de milho em uma tigela e dissolva bem. Ponha a mistura em uma panela no banho-maria e vá mexendo até que engrosse. Quando virar um mingau, retire do fogo e mexa por mais 30 segundos. Retorne ao fogo por mais um minuto. Repita a operação até ficar um creme grosso, isso faz com que o amido cozinhe lentamente e perca o gosto de farinha. Retire do fogo e espalhe numa assadeira. Cubra imediatamente com filme plástico para evitar que crie aquela nata. Deixe esfriar e guarde na geladeira por até 3 dias.

Geleia de Damasco

Ingredientes

- 2 xícaras (chá) de damasco seco picado
- ½ xícara (chá) de açúcar
- 1/2 xícara (chá) de água
- 1 colher (chá) de canela
- 1 colher (chá) de cardamomo em pó
- 3 colheres (sopa) de água de rosas
- 3 colheres (sopa) de água de flor de laranjeira
- ½ colher (chá) de noz-moscada

Modo de preparo

Coloque todos os ingredientes para ferver em uma panela; mexa de vez em quando para não grudar. Quando os damascos estiverem amolecidos, leve ao liquidificador batendo até que vire uma pasta. Se preferir adicione 2 colheres (chá) de água de rosas e água de flor de laranjeira a mais à receita, isso deixa a geleia com um sabor mais acentuado.

Pizza Especial

Ingredientes

- 3 ovos
- 1 xícara (chá) de leite sem lactose
- ½ xícara (chá) de óleo
- 1 xícara (chá) de creme de arroz
- 1 colher (sopa) de amido de milho
- 1 colher (sobremesa) rasa de sal
- 1 colher (sopa) de fermento em pó

Modo de preparo

Coloque todos os ingredientes no liquidificador e bata bem. A massa fica bem líquida. Coloque em uma assadeira, untada e polvilhada com o amido. Coloque o recheio ou cobertura por cima da massa. Faça a pizza do que mais gosta: *pepperoni*, champignon, frango desfiado etc. Asse em forno a 180 graus.

ENDEREÇOS IMPORTANTES

Fenacelbra – Federação Nacional das Associações de Celíacos do Brasil
R. Eugenio Trevisan, 107 – Jd. Itália – Vinhedo – SP
Tel.: (19) 99830 1236
www.fenacelbra.com.br/
Tel.: (19) 9 8331-0300

Fenacelbra | Facebook
www.facebook.com/FENACELBRA

Fenacelbra Angra dos Reis
R. Tabelião Manoel Onofre de Souza, casa 2 A - Morro do Carmo – Angra dos Reis – RJ
www.doencaceliaca.com.br

Associação dos Celíacos do Brasil – ACELBRA
R. Pedro de Toledo, 441 - CEP: 04039-041
Vila Clementino - São Paulo - SP.
www.acelbra.com.br

ACELBRA Rio de Janeiro – Rio Sem Glúten
(com Raquel Candido Benati)
riosemglutem@terra.com.br

ACELBRA Rio Grande do Sul
e-mail: acelbra.rs@gmail.com

ACELBRA Santa Catarina
acelbrajoinville@acelbrajoinville.com.br

ACELBRA Mato Grosso do Sul
R. João Domingos 55 – Jardim TV Morena
Tel.: (67) 30292355

ACELBRA Bahia
acelbrabahia@acelbrabahia.com.br

ACELBRA Fortaleza
www.acelbraceara.blogspot.com

ACELBRA Brasília
QELC 01 BLOCO -13 – Apto. 103 – Guará I - Brasília – DF
www.acelbra-df.com.br

ACELBRA Campo Grande (MS)
www.acelbrams.org.br

ACELBRA Minas Gerais
www.acelbramg.org.br

ACELBRA Curitiba
www.acelbrapr.org.bt

SÃO PAULO/ SP

Além do Natural Comércio de Produtos Naturais Ltda.
Tel.: (11) 3739-4945
www.alemdonatural.com.br

A Tal da Pizza
R. Dr. Mario Ferraz, 351 - Itaim Bibi
Tel.: (11) 3079-3599
www.ataldapizza.com.br

América
Al. Santos, 957 – Jardim Paulista
Tel. (11) 3178-4424
www.restauranteamerica.com.br

Buttina
R. João Moura, 976 - Jardim Paulista
Tel.: (11) 3083-5991
www.buttina.com.br

Beato Restaurante
R. dos Pinheiros, 174 – Pinheiros
Tel.: (11) 2538-8107
www.beatorestaurante.com.br

Mercearia do Conde
R. Joaquim Antunes, 217 – Pinheiros
Tel.: (11) 3081-7204
www.merceariadoconde.com.br

Garimpos do Interior
R. Marco Aurélio, 201 – V. Romana
Tel.: (11) 3862-9345
www.garimposdointerior.com.br

Casa Santa Luzia
Al. Lorena, 1471 – Jd. Paulista
Tel.: (11) 3897-5000
www.santaluzia.com.br

Chef Rouge
R. Bela Cintra, 2238 – Jardim Paulista
Tel.: (11) 3081-7539
www.chefrouge.com.br

Daitan
R. Padre Luciano, 122 - Jardim França
Tel.: (11) 2548-7550
www.daitanrestaurante.com.br

Goma Tapiocaria
R. Girassol, 273 – Pinheiros
Tel.: (11) 3034-4255
www.gomatapiocaria.com.br

H3
Av. Roque Petroni Junior, 1089 – Morumbi Shopping
www.h3.com.br

La Pasta Gialla
R. Pedroso Alvarenga 528 – Itaim Bibi
Tel.: (11) 3079-3557
www.lavecchiacucina.com.br

Miriam Bolos
Tel.: (11) 9 9970-4899
www.miriamdosbolos.wix.com

Maremonti
R. Padre João Manuel, 1160 - Cerqueira Cesar
Tel.: (11) 3088-1160
www.maremonti.com.br

M.A.B. Gastronomia
R. Dr. Virgilio de Carvalho Pinto, 187 – Pinheiros
Tel.: (11) 2532-1454

Mercearia do Francês
R. Itacolomy, 636 – Consolação
Tel.: (11) 3214-1295
www.merceariadofrances.com.br

Maria Gula
R. Carlos Weber, 606 - Vila Leopoldina
Tel.: (11) 3641-2511
www.mariagula.com.br

Nonno Rugero
Av. Magalhães de Castro, 12.000 – Cidade Jardim
Tel. (11) 3552-7000
www.fasano.com.br

Nellos
R. Antonio Bicudo, 97 – Pinheiros
Tel.: (11) 3082-4365
www.nellos.com.br

Nico Pasta & Basta
R. Costa Aguiar, 1586 – Ipiranga
Tel.: (11) 2068-3000
www.nicoebasta.com.br

Nininha Sigrist
R. Quitaduba, 168 – Sumaré
Tel.: (11) 3726-2000
www.nininhasigrist.com.br

O Quattrino
R. Oscar Freire, 506 - Cerqueira César
Tel.: (11) 3068-0319
www.oquattrino.com.br

Pizzeria Maria Gula
R. Carlos Weber, 606 - Vila Leopoldina
Tel.: (11) 3641-2511
www.mariagula.com.br

Sabor de Saúde
Av. Fagundes Filho, 936 - Vila Monte Alegre
Tel.: (11) 2872-0500
www.sabordesaude.com.br

Sala VIP
Al. dos Aicás, 446 - Moema
Tel.: (11) 3849-5000
www.salavip.com.br

Santo Bolo
Rua Bruxelas, 64 - Sumaré
Tel.: (11) 3675-1464
www.santobolo.com.br

Sem Glúten Marilis
Rua Cachoeira, 623M – Belém
Tel.: (11) 2692-6244
www.marilis.com.br

Sala VIP Pizza Bar
Al. dos Aicás, 40 – Moema
Tel.: (11) 3849-5000
www.salavippizzaria.com.br

Vila Milagro Pizzaria e Restaurante Natural
R. Áurea, 313 – Vila Mariana
Tel.: (11) 5083-1734
www.vilamilagro.com.br

AMPARO/ SP

Ponto Nautral
R. Albino Alves, 72 - Centro
Tel.: (19) 3807-7500
www.pontonaturalbrasil.com.br

ASSIS/ SP

Nação Verde
Tr. Erasmo Mercadante, 25 – Centro
Tel.: (18) 3323-7003
www.nacaoverde.com.br

RIO DE JANEIRO/ RJ

Buffet Alessandra Augusta Souza
www.facebook.com/alessandraaugustabuffet

Antiquarius Grill
Av. das Américas, 4666 - Loja 160 – Barrashopping
Tel.: (21) 3410-9900
www.antiquariusgrill.com.br

Azteka Burritos y Tortas
R. Visconde de Pirajá, 156 – Ipanema
Tel.: (21) 3489-8900-
www.azteka-rio.com

Bio Carioca
R. Xavier da Silveira, 28 - Copacabana
Tel.: (21) 2236-4125 –
www.biocarioca.com.br

Bistreco Bistrô & Botequim
Estr. dos Bandeirantes, 21.995 – Vargem Grande
Tel.: (21) 2428-3612
www.bistreco.com.br

Brigites
R. Dias Ferreira, 247 A – Leblon
Tel. (21) 2274-5590
www.brigites.com.br

Cosa Nostra Deli
Rua Visconde de Pirajá, 303- Loja 103 – Ipanema
Tel.: (21) 2523-2745
www.cosanostradeli.com.br

Cuzcuz Amado
Tel.:- (21) 3520-0020
www.cuzcuzamado.com.br

Carioca ZeN
Aveia sem glúten Monama
Tel.: (21) 2286-4786
www.cariocazen.com.br

Congelados da Sonia
www.congeladosdasonia.com.br

Casa do Alemão
Av. Ataulfo de Paiva, 644 – Leblon
Tel.: (21) 2540-7990
www.casadoalemao.com.br

Cacau Show
Rua Itapera, 500 – Irajá
Tel.: (21) 2471-2949
www.cacaushow.com.br

Cozzi
Estrada de Jacarepaguá, 6.508 – Jacarepaguá
Tel.: (21) 3442-2515
www.cozzirestaurante.com.br

Doce Sem Alergia
Tel.: (21) 7906-1599
www.docesemalergia.com.br

Delícias do Tio-Avô
Tel.: (21) 3495-3046
www.deliciasdotioavo.com.br

Duo Restaurante
R. Érico Veríssimo, 690
Tel.: (21) 2484-4547
www.duorestaurante.com.br

Deliziosa Pasta Spressa
R. Visconde de Pirajá, 605 – Loja B – Ipanema

Lojas e Restaurantes que servem cardápio sem glúten

Tel.: (21) 2512-7699
www.delicioza.com.br

É Comidinha
Tel.: (21) 9981-0206
www.ecomidinha.com.br

Espaço Sabor e Arte
Tel.: (21) 2592-7004
www.facebook.com/saborearte.com

Empório Sem Glúten
Av. Ernani Cardoso, 63 – Cascadura
Tel.: (21) 2229-5744
www.emporiosemgluten.com.br

Flavia Ribeiro Festas e Eventos
www.facebook.com/flaviaribeiro.festas

Fusão Gourmet – Alimentação e Mercearia
Tel.: (21) 9248-5477
www.facebook.com/fusãogourmet

Fratelli
Av. General San Martin, 983 – Leblon
Tel.: (21) 2259-6699
www.fratelirestaurante.com.br

Integral Deli
Tel.: (21) 3449-9050
www.integraldeli.com.br

Confeitaria Kurt
R. General Urquiza, 1178 - Loja B – Leblon
Tel.: (21) 2294-0599
www.confeitariakurt.com.br

Ler Café
R. Dom Manuel, 26 – Centro
Tel.: (21) 2215-2866
www.facebook.com/lercafe

Le Blé Noir
Av. Lucio Costa, 1976 – Barra da Tijuca
Tel.: (21) 2493-5668

Officina Del Gelato
Av. Nossa Senhora de Copacabana, 903
Tel.: (21) 3256-4480
www.aromaesabvores.com.br

Outback
R. General Severiano, 97 – Botafogo
Tel.: (21) 2543-0339
www.outback.com.br

Pomar Orgânico
Estr. da Barra, 1600 - Shopping Itanhangá Center
Tel.: (21) 2494-6745

Pão de Tapioca – Congelados
Tel.: (21) 3113-2810
www.paodetapioca.com.br

Prãna Produtos Naturais
Av. das Américas, 4666 – Loja 141 - Barra Shopping
Tel.: (21) 2431-9047
www.pranonline.com.br

Torta sem glúten para festas
Tel.: (21) 3449-9678

Talho Capixaba
Av. Ataulfo de Paiva, 1022 - Lojas A e B – Leblon
Tel.: (21) 2512-8760
www.talhocapixaba

Venga
R. Garcia Dávila, 147 - Loja B – Ipanema
Tel.: (21) 2247-0234
www.venga.com.br

Verdano Fresh Food
R. Buenos Aires 16 – Centro
Tel.: (21) 2233-3311
www.verdano.com.br

Alergomais
SCLN 303 Bloco A - Loja 10
Tel.: (61) 3327-1099
www.alergomais.com.br

Fina Farinha Produtos sem Glúten
CLN 212 Bloco B - Loja 19 Asa Norte
Tel.: (61) 3034-2424
www.facebook.com/finafarinha

Celeiro
SCLRN 715 Bloco F - Loja 63 – Asa Norte
Tel.: (61) 3274-9510
www.eguias.net/empresas/DF/Brasilia

Confraria Bolos e Biscoitos
SHIS QI 11CL Lago Sul Bloco F - Loja 12
Tel.: (61) 3364-0522
www.facebook.com/confrariabolosebiscoitos

Mel do Sol
CLN 403 BL C s/n Lj Z
Tel.: (61) 3326-8445
www.meldosol.com.br

Via Natureba
CLN 115 Bloco D – subsolo 73 Asa Norte
Tel.: (61) 32020212
www.vidanatureba.com.br

Empório Natus
QI 31 – Edifício Floripa - Loja 04 e Guara II
Tel.: (61) 3381-3003
www.emporionatus.com.br

Nutri Pleno
www.nutripleno.com.br

Empório Bem-Estar
CLN 113 BL. A – Lojas 01 e 05
Tel.: (61) 3274-0717
www.emporiobemestar.com.br

Grani Amici
SHCN QD 113 BL A - Loja 01 – Asa Norte
Tel.: (61) 3274-0717
www.graniamici.com.br

Victoria's Atelier
Tel.: (61) 3552-4943
www.victoriasatelier/blospot.com.br -

Mundo Verde
Shopping Brasília Quiosque 6 – 3º subsolo
Tel.: (61) 7071-5900
www.mundoverde.com.br

Ponto Produto Natural Brasil
CLN 215 – Bloco C – Asa Norte
Tel.: (61) 30346690

BLUMENAU/ SC

Bem Nutrir
R. Gustavo Zimermann, 10922
Tel.: (47) 3337-4078
www.bemnutri.com.br

FLORIANÓPOLIS/ SC

Cactus Mexican Food
Av. Madre Benevuta, 2468 – Centro
Tel.: (48) 3733-8008
www.cactusmexicanfood.com.br

Cantina Di Bedinardi
Jardim Olívio Amorim, 10 – Centro
Tel.: (48) 3223-2321
www.cantinadiberdinadi.com.br

Café Kiwi
R. Padre Miguelino, 93 – Centro
Tel.: (48) 3224-0155
www.cafekiwi.com.br

Empório Organico
Av. Afonso Delambert Neto, 619 - Loja 4 – Lagoa da Conceição
Tel.: (48) 3234-5702
www.emporiorganico.com.br

Emporium Di Vesta
R. Cel. Padre Demoro, 2046 – Loja 02 – Balneário
Tel.: (48) 3028-9454
www.emporiumdivesta.com.br

Lindcap
R. Felipe Schmidt, 1162 –Centro
Tel.: (48) 3222-4002
www.lindcap.com.br

Pizzaria Lorenzo's
Rodovia Haroldo Soarez Glavan, 1166 – João de Barro
Tel.: (48) 3335-6555
www.pizzarialorenzos.com.br

Pier 54
Av. Osvaldo Rodrigues Cabral, 1251
Tel.: (48) 3225-3138
www.pier54.com.br

Restaurante e Churrascaria Barriga Verde
R. Doralice Ramos Pinto, 419 – São José
Tel.: (48) 324-63778
wwwchurrascariabarrigaverde.com.br

Restaurante Posto da Alfândega
Rodovia Rafael da Rocha Pires, 2919 – Sambaqui
Tel.: (48) 3335-0179
www.postodaalfandega.com.br

Republika Bar e Café
R. Deputado Antonio Edu Vieira, 350 – Pantanal
Tel.: (48) 3209-4097
www.republicabarecafe.com.br

Sorveteria do Espanhol
Rodovia Haroldo Soares Glavan, 2014 – Cacupé
Tel.: (48) 9641-5319

Sorveteria Sabor Natural
Al. César Nascimento, 322 – Jurerê
Tel.: (48) 3282-1704

Uai de Minas
Rodovia Dr. Antonio Luiz Moura Gonzaga, 1167 – Rio Tavares
Tel.: (48) 3224-1099
www.facebook.com/uaideminas

SALVADOR/ BA

Bahia Sem Glúten
R. Professor Gerson Pinto, 123 - Costa Azul
Tel.: (71) 3013-9026

CURITIBA/ PR

Alergoshop
R. Brigadeiro Franco, 2666 – Loja 11 – Centro
Tel.: (41) 3077-2026
www.alergoshop.com.br

Mentor Foods
Av. Sete de Setembro, 6810 – sala 15, Batel
Tel.: (41) 3026-2421
www.mentorfoods.com.br

RECIFE/ PE

Anjo Solto
Av. Herculano Bandeira, 513 – Galeria Joana D'Arc - Loja 14
Tel.: (81) 3325-0862
www.anjosolto.com.br

Canto Grão
Av. Domingos Ferreira , 2655 – Boa Viagem
Tel.: (81) 3034-2519
www.cantograovirtual.com.br

Empório Gerbô
R. Antenor Navarro, 81– Loja 13 – Jaqueira
Tel.: (81) 3040-3117
www.facebook.com/emporiogerbo

Campo da Serra
Av. Boa Viagem, 5354
Tel.: (81) 3034-5354
www.campodaserra.com.br

Três Coroas/ RS

Espaço Tibet - Restaurante Tibetano
R. Alagoas 361 – Águas Brancas
Tel.: (51) 3546-5763
www.espacotibet.com.br

10 DICAS PARA VIVER BEM SEM *Glúten*

1. Leia sempre o rótulo de cada alimento antes de experimentá-lo.

2. Beba água e não belisque entre as refeições para não perder a noção do que é fome verdadeiramente. Faça refeições leves de 3 em 3 horas.

3. Não asse no forno ao mesmo tempo e nem manipule alimentos com e sem glúten sobre a mesma bancada.

4. Cuidado com as frituras. Jamais use o mesmo óleo para fritar alimentos com e sem glúten.

5. Nunca esquente o pão do celíaco na mesma torradeira de outros pães.

6. Tenha cuidado com a contaminação e lave seus talheres e pratos longe das outras louças.

7. Evite tomar café que não conheça a marca, pois em algumas embalagens o pó de café pode estar adicionado de cevada.

8. Balas e caramelos, muitas vezes, são envolvidos em farinha para não grudarem no papel. Então, tenha muito cuidado. Atenção: isso nunca vem escrito no rótulo.

9. Em sua geladeira, separe a manteiga, margarina, geleia e requeijão em potinhos para que não se contaminem com o glúten vindo da manipulação, por exemplo, de uma faca sobre determinado alimento. O menor contato pode provocar contaminação e um enorme problema.

10. Não compre ou coma em padarias ou bares mesmo que seja um pão de queijo, pois a contaminação pode ter ocorrido na manipulação de um e outro.

DIRETORIA: Jorge Carneiro e Rogério Ventura; **Diretor Editorial:** Henrique Ramos; **REDAÇÃO: Editor-chefe:** Daniel Stycer; **Editoras:** Eliana Rinaldi e Renata Meirelles; **Equipe Editorial:** Maria José Batista, Adriana Cruz, Sandra Ribeiro, Débora Justiniano, Hugo Wyler Filho, Juliana Borges, Lívia Barbosa, Verônica Bareicha, Daniela Mesquita, Dalva Corrêa e Maria Flavia dos Reis; **ARTE:** Leo Fróes; **Designers:** Franconero Eleutério, Julio Lapenne, Thiene Alves, Leandro L. Silva, Raquel Soares, Jefferson Gomes e Laércio Costa; **Edição e Tratamento de Imagem:** Luciano Urbano e Reinaldo Pires; **Diagramação:** Maria Clara Rodrigues e Evandro Matoso; **Produção Gráfica:** Jorge Silva; **Tecnologia da Informação:** Márcio Marques; **Marketing:** Bernadette Caldas (gerente), Cássia Nascimento, Juliana Ferreira, Patrícia Reis, Everson Chaves, Renato Cavalcanti e Luiza Martins; **Controle:** William Cardoso e Clayton Moura; **Circulação:** Luciana Pereira, Sara Martins, Wagner Cabral e Alexander Lima; **EDIOURO PUBLICAÇÕES DE PASSATEMPOS E MULTIMÍDIA LTDA.** Rua Nova Jerusalém, 345, CEP 21042-235 — Rio de Janeiro, RJ. Tel.: (0XX21) 3882-8200, Fax: (0XX21) 2290-7185; **Distribuição:** DINAP S.A. Estr. Dr. Kenkiti Shimomoto, 1678 — Jardim Conceição, Osasco, SP. Tel.: PABX (0XX11) 3789-3000.

Atendimento ao leitor:
0300-3131345 (custo de uma ligação local),
(0XX21) 3882-8300 (ligação local, RJ)

www.coquetel.com.br

PROJETO E REALIZAÇÃO
CRIATIVO
MERCADO EDITORIAL

PUBLISHER
Carlos Rodrigues
DIRETORA FINANCEIRA
Esilene Lopes de Lima
AUTORA
Jeanne Margareth
DIREÇÃO DE ARTE
Marcelo Almeida
EDITOR
René Ferri